WANDERUNGEN AN DER SCHLEI

Hilde Hudemann · Christel Hudemann-Schwartz · Karsten Vogel · Anita Rehder

WANDERUNGEN AN DER SCHLEI

CHRISTIANS VERLAG

Inhaltsverzeichnis

Wir wünschen
veel Amüsemang! ~

Benutzte Literatur (in Auswahl)

1. Baedeker, Karl: Schleswig-Holstein; Freiburg 1963.
2. Brix, K.P.: Kappeln-Stadt a.d. Schlei; Flensburg o.J.
3. Degn, Christian u. Muuß, Uwe: Topographischer Atlas Schleswig-Holstein und Hambg; 4. Aufl., Neumünster 1979.
4. Degn, Christian u. Muuß, Uwe: Luftbildatlas Schleswig-Holstein und Hambg; Neumünster 1984.
5. HB-Kunstführer Nr. 16 (Schleswig u. Schleswiger Land); Hbg. 1985.
6. Neugebauer, Werner: Parken und Wandern zwischen Kiel und Flensburg; Lübeck 1972.
7. Ellger, Dietrich u. Teuchert, Wolfgang: Die Kunstdenkmäler des Landkreises Schleswig; Deutscher Kunstverlag 1957.
8. Ellger, Dietrich: Die Kunstdenkmäler des Landkreises Flensburg; Deutscher Kunstverlag 1952.
9. Franzen, Horst Günther: Chronik Oehe-Maasholm; Maasholm 1974
10. Graucob, K.u. Thomsen, D. (Hsg.): Heimatbuch des Kreises Eckernförde, Bd. II; 3. Aufl., Eckernförde 1972.
11. Jahrbücher der Heimatgemeinschaft Eckernförde e.V.
12. Jahrbücher des Heimatvereins der Landschaft Angeln.
13. Jankuhn, Herbert: Haithabu - Ein Handelsplatz der Wikingerzeit; 8. Aufl., Neumünster 1986.
14. Luth, Walter: Arnis - Kleine Stadt mit großer Vergangenheit; Arnis 1977.
15. Müller, Karl: Die Schlei - eine Tochter der Ostsee; 2. Aufl., Rendsburg 1958.
16. Oberdieck, G.u.a. (Bearbeiter): Die Kunstdenkmäler des Kreises Eckernförde; München u. Berlin 1950 (DKV).
17. Probst, Wilfried u.a.: Angeln von der Förde bis zur Schlei; Schleswig 1986.
18. von Rumohr, Henning: Herrenhäuser u. Schlösser in Schleswig; Frankfurt am Main 1968.
19. Scheffler, Wolfgang: Mühlenkultur in Schleswig-Holstein; Neumünster 1982.
20. Schlee, Ernst: Das Schloß Gottorf in Schleswig; Flensbg. 1968.
21. Stüdtje, Johannes: Mühlen in Schleswig-Holstein; Heide 1968.
22. Teuchert, Wolfgang: Der Dom in Schleswig; Königstein i. Taunus o.J.

Die Schlei

Die Schlei ist zwar eine der Förden unseres Landes, doch unterscheidet sie sich in manchem von den anderen Förden. Sie öffnet sich nicht zur See hin, sondern hat nur einen schmalen Zugang zur Ostsee, der sogar für die Schiffahrt künstlich frei gehalten werden muß. Auch erinnert sie streckenweise mehr an einen Fluß, der mehrere Seen verbindet, als an einen Meeresarm. Ein so vielfältiges Landschaftsbild wie die Schlei bieten die anderen Förden nicht. Aber auch die Schlei ist durch die Eiszeit und die auf sie folgenden Zeiten geschaffen worden. Unter dem Eis hatte das unter hohem Druck nach Westen fließende Wasser eine Rinne vorgeformt. Als die Hauptmasse des Eises sich schon zurückgezogen hatte, ist diese Rinne durch erneut vorstoßende Eiszungen noch verändert worden. Doch erst in den Jahrtausenden danach, als die Ostsee vom Eis frei war, hat die Schlei ihre heutige reizvolle Form erhalten.

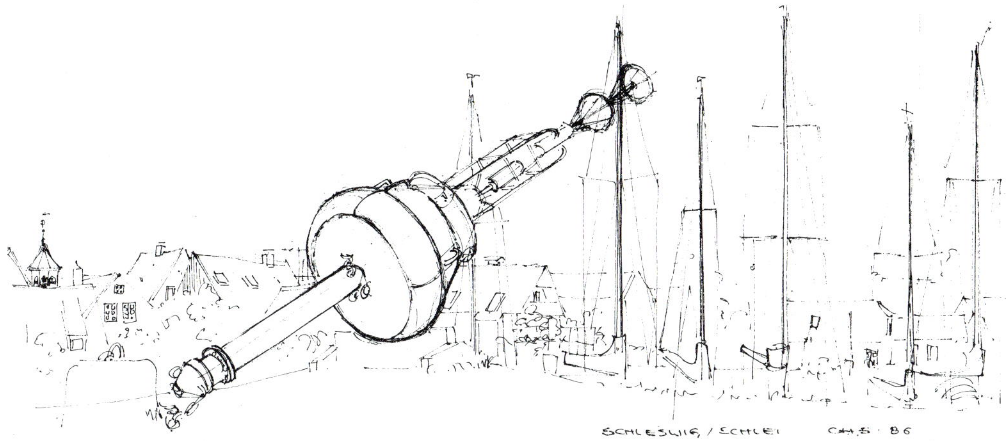

SCHLOSS GOTTORF, SCHLESWIG,
G.H.S. 86

Schloß Gottorf

Wenn man auf der B 76 an Schleswig vorbeifährt, grüßt von Osten her der imposante Bau von Schloß Gottorf. Er ist der größte Schloßbau in Schleswig-Holstein und hat eine wechselvolle Geschichte durchlebt.

Zunächst befand sich hier eine mehr burgartige Anlage, die der Bischof von Schleswig 1268 an den König von Dänemark abtreten mußte. In den nachfolgenden Jahrhunderten ist Gottorf heftig umkämpft worden. Die Könige von Dänemark und die Grafen von Holstein wußten um die strategische Bedeutung dieses Platzes, von dem es 1329 hieß: „Gottorf Schloß und Burg zugleich / schützt mit Kraft der Dänen Reich." Als die holsteinischen Grafen aus dem Hause der Schauenburger 1459 ausgestorben waren, fiel Gottorf an Christian I., den ersten dänischen König aus dem Hause Oldenburg. Doch erst dessen Sohn, Friedrich I., hielt sich hier auf und entfaltete eine rege Bautätigkeit. In seiner Zeit (1523–33) ist die sogenannte Königshalle im Südflügel, deren Gewölbe von sieben Pfeilern getragen werden, gebaut worden.

Eine neue Epoche für Schloß Gottorf begann, als 1544 bei einer Landesteilung Schloß Gottorf einem jüngeren Bruder des Königs, Herzog Adolf, als Residenz zugewiesen wurde. Die Herzöge von Holstein-Gottorf, die bis 1713 von hier aus ihren Landesteil regiert haben, strebten in fast allen Generationen danach, das Schloß nicht nur zum politischen, sondern auch zum geistigen und künstlerischen Mittelpunkt zu machen. Schon Herzog Adolf schuf eine neue Zufahrt zum Schloß von Süden her, jenen Damm, der verhindert, daß der Burgsee ausfließt, und der heute von einer prachtvollen Lindenallee geschmückt ist. Adolfs Enkel, Friedrich III. (1616–1659), hat das Schloß vor allem im Inneren ausbauen lassen und hat im Norden des Schlosses eine barocke Garten- und Parkanlage, das Neuwerk, schaffen lassen. Der Südflügel, der heute das Bild des Schlosses beherrscht, entstand aber erst unter Friedrich IV. (1694–1702) und geht auf Anregungen zurück, die Tessin, der Architekt des Stockholmer Schlosses, gegeben hat. Ein mächtiger, nur wenig gegliederter dreistöckiger Repräsentationsbau mit 27 Fensterachsen ist hier geschaffen worden. Am Eingangsturm über dem Portal zeigt die Zahl 1703 an, wann dieser Bau vollendet worden ist. Als 1713 das Schloß wieder an das dänische Königshaus gekommen war, wurde es zunächst von den Königen, wenn

LINDENALLEE
ZUM SCHLOSS GOTTORF
SCHLESWIG.

sie Schleswig besuchten, genutzt; von 1730 bis 1836 residierten dann hier die Statthalter. Von 1852 bis 1945 war das Schloß Kaserne, und nach dem Zweiten Weltkrieg lagen zuerst englische und dann polnische Truppen im Schloß. 1948 wurde das Schloß vom Land Schleswig-Holstein übernommen,

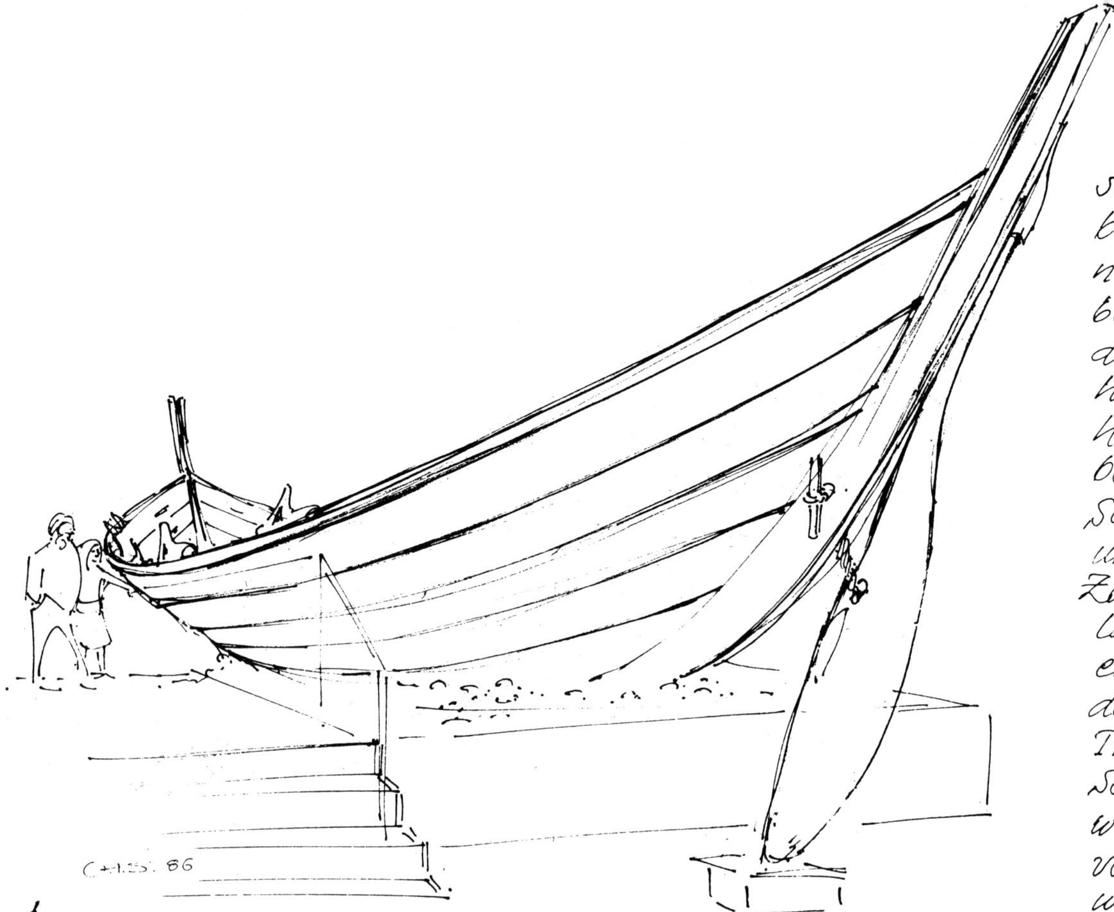

Dat Nydamboot vun vörn un vun de Siet →

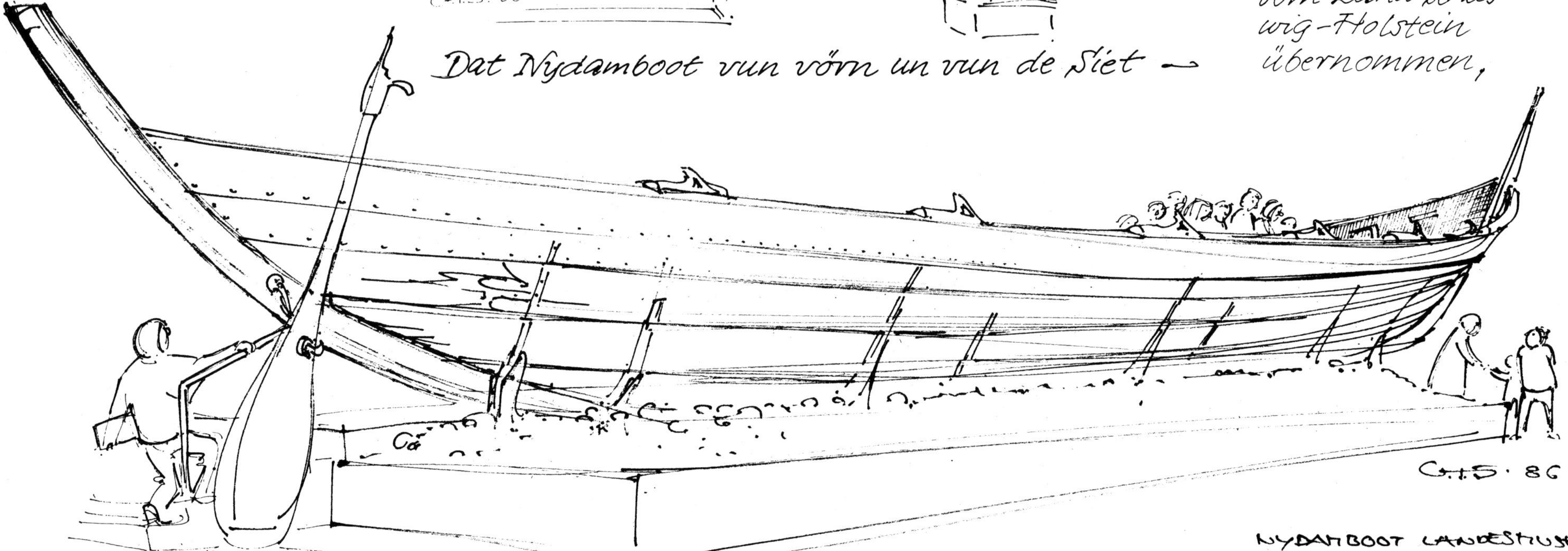

NYDAMBOOT LANDESMUSEU
SCHLESWIG SCHLOSS GOTTOR

in langjähriger Arbeit restauriert und beherbergt jetzt das Landesmuseum. Im stimmungsvollen Innenhof werden im Sommer Theateraufführungen dargeboten.

Viele Besucher kommen im Laufe eines Jahres nach Schloß Gottorf, um dort zu betrachten, was in den verschiedenen Landesmuseen an Schätzen aus der Kulturgeschichte des Landes zusammengetragen und vorbildlich präsentiert ist. Im Erdgeschoß vermittelt ein Rundgang durch 32 Räume einen Eindruck davon, wie sich die Kunst, das Handwerk und die Wohnkultur seit dem Mittelalter im Laufe der Jahrhunderte entwickelt haben. In 17 weiteren Räumen werden Werke der Volkskunst aus den verschiedenen Landschaften Schleswig-Holsteins gezeigt. Im zweiten Stock hat das Landesmuseum für Vor- und Frühgeschichte seinen Platz gefunden. Bereits 1846 in Kiel gegründet, enthält dieses Museum heute die größte vorgeschichtliche Sammlung Deutschlands, von der verständlicherweise nur ein kleiner Teil dem Besucher in einer Schauausstellung dargeboten werden kann. Doch auch in den ehemaligen Wirtschaftsgebäuden des Schlosses befinden sich heute Ausstellungsräume der Landesmuseen.

Im Westen liegt die Nydamhalle, in der Funde aus dem Thorsberger Moor (bei Süderbrarup) ausgestellt sind, in der vor allem aber das Nydamboot gezeigt wird. Dieses, aus der Zeit um 400 n. Chr. stammende, aus Eichenholz gefertigte Boot ist 1863 in der Nähe des Alsensundes bei Nydam gefunden worden. Es ist fast 23 Meter lang, 3,25 Meter breit, hat auf jeder Seite Platz für 18 Ruderer und besticht durch seine schnittige Form. In weiteren Nebengebäuden kann man sich an Hand ausgestellter Geräte einen Eindruck davon verschaffen, wie die Landwirtschaft sich gewandelt hat, und es wird dem Besucher ein Überblick über die Entwicklung der Kunst Schleswig-Holsteins in diesem Jahrhundert vermittelt. Henfohrn, ringohn, betohlen un ankieken!

Der Dom zu Schleswig

PLESSENHAUS IN SCHLESWIG G+S. 86

Gehen wir von Osten kommend durch die Töpferstraße auf den Rathausmarkt zu, so überragt der Dom die kleinen Häuser, die an jener Straße stehen, gewaltig. Es ist, als hätten all die kleinen Häuser den Schutz des Domes gesucht, so wie die Küken sich bei der Mutter geborgen fühlen. Und als Schleswig entstand, war auch der Dom mit dem Bischof und den vielen Geistlichen, die in ihm wirkten, bestimmend für diesen Teil der Stadt. Allerdings bestand der Dom, als Schleswig in die Geschichte eintrat, noch nicht so, wie wir ihn heute vor uns sehen. Um 1100 hat der Bischof hier zunächst eine romanische Pfeilerbasilika gebaut, der im späten 12. Jahrhundert ein flachgedecktes Querhaus hinzugefügt worden ist. Aus jener Zeit stammt noch das Petersportal am südlichen Querhaus (Haupteingang), das aus Granit, Sandstein, Kalkstein und Tuff gearbeitet worden ist und in dessen Bogenfeld Christus als Weltenrichter zwischen Petrus und Paulus thront.

Töpferstraße i. Schleswig H.H. 1986

DER LIEBE GOTT HAT GROSSEN
ZULAUF: "~ 30 TAUSEND MENSCHEN"
SIND AN MIR VORBEIGEGANGEN!
DOM ZU SCHLESWIG

Der Dom, wie er heute vor uns steht, ist vorwiegend ein Werk des 13. Jahrhunderts. Damals wurde die romanische Pfeilerbasilika zu einer gotischen Gewölbebasilika umgestaltet, und der Ziegelstein, den man aus Lübeck kannte, wurde als neues Baumaterial verwendet. Um 1300 hatte der Dom im wesentlichen seine heutige Gestalt erhalten. Im 14. Jahrhundert wurde an der Nordseite des Doms der Kreuzgang, der in Schleswig „Schwahl" heißt, angebaut. Er diente dem Domkapitel als Prozessionsgang zu den Gottesdiensten im Hohen Chor, den Bürgern der Stadt als Ort für private Rechtsgeschäfte und durch Jahrhunderte auch als Markt. Im 15. Jahrhundert wurden die Seitenschiffe erhöht und erweitert, und es entstand die heutige Hallenkirche. Von 1889 bis 1894 ist der Dom völlig erneuert worden, und damals erst hat er seinen 112 Meter hohen Turm erhalten. 1955-1956 ist der Turm neu verblendet und in seiner Form vereinfacht worden.

Weit über die Grenzen unseres Landes hinaus ist der Dom durch seinen Hochaltar bekannt. 1666 ist der von Brüggemann geschaffene Altar (1514-1521) mit seinen 392 Figuren aus der Kirche des Augustiner-Chorherren-Stiftes in Bordesholm nach Schleswig gebracht worden. Ihn hier zu beschreiben ist unmöglich. Man muß ihn in Ruhe und Muße betrachten und die zwölf kleinen und großen Szenen der Heilsgeschichte auf sich wirken lassen.

St.-Johannis-Kloster

Das Johannis-Kloster wird 1250 zum erstenmal in einer Urkunde erwähnt, doch wird sich hier wahrscheinlich schon in den Jahrzehnten davor eine Klosteranlage befunden haben. Das Kloster, zu dem sechs Dörfer (Fagel, Stexwig, Borgwedel, Selk, Geltorf, Loopstedt) sowie viele Bauernstellen gehörten, beherbergte Benediktinerinnen und ist nach der Reformation in ein adeliges Fräuleinstift umgewandelt worden. Die Kirche zeigt zwar in ihrer Westfassade noch ein aus Granitquadern gestaltetes romanisches Rundbogenportal, doch ist sie nach einem Brand im Jahre 1487 in Ziegeln erweitert und eingewölbt worden. Nachdem 1985 mehrjährige Restaurationsarbeiten abgeschlossen werden konnten, ist das St.-Johannis-Kloster das besterhaltene Kloster des Landes. – Der parkähnliche Garten mit schönem Baumbestand zieht sich bis zum Schleiufer hin. Auf dem Klosterfriedhof ist der Organist C. G. Bellmann, der die Melodie des Schleswig-Holstein-Liedes komponiert hat, begraben.

Der Holm

Unmittelbar an das Johannis-Kloster grenzt der Holm, eine reizvolle alte Fischersiedlung. Der Name bedeutet in den skandina=vischen Sprachen Insel, und bis 1933 hat diese Siedlung auch noch auf einer wirklichen Insel gelegen. Erst damals ist sie durch einen Damm mit dem Festland verbun=den worden. – Wer auf der Norder- und Süderholmstraße entlang=wandert, wird sich über die Häu=ser freuen, die ein Stück Behag=lichkeit aus früherer Zeit bewahrt haben. Es sind meist Traufenhäuser aus Backstein, die häufig auch noch mit Utluchten (Erker) geschmückt sind. Diese Utluchten, die neben der Haustür in die Straße vorspringen

und von denen aus man das Leben und Treiben auf der Straße gut beobachten kann, sind früher vielleicht ein bißchen Fernsehersatz gewesen. Wer mit Muße von Haus zu Haus schlendert, wird sich gewiß über manche schmucke „Klöndör" freuen, die er dabei entdeckt. Diese „Klöndören" sind in der Waagerechten geteilt, so daß man nur die obere Hälfte zu öffnen braucht, wenn man einen Blick auf die Straße werfen will. Dabei ergibt sich dann leicht ein „Klöhnsnack", ohne daß man gleich ins Haus zu bitten braucht.

Zwischen den Häusern führen auf der Südseite der Siedlung schmale Gänge zum Wasser und zu den Liegeplätzen der Boote. In der Mitte der Siedlung liegt der Friedhof, auf dem die Fischer und ihre Angehörigen ihre letzte Ruhe gefunden haben. Bis 1751 stand hier auch eine kleine Kirche. 1643 bereits schlossen sich die Holmer Fischer in einer Zunft zusammen, und 1765 unterzeichneten 37 Fischer Statuten, deren Hauptabsicht darin bestand, „daß die Fischerei nicht möge ruinieret und die Einwohnerschaft für leid=liche Preise beständig mit Fischen versehen werde". In einer „Geschichte der Stadt Schleswig" aus dem Jahre 1875 werden die Holmer Fischer gelobt: „Sie bilden nicht nur durch ihre zünftige Verfassung, sondern auch durch ihre Privatverhältnisse einen ganz abgeschlossenen Verein; sie haben sich bei ihrem rauhen Handwerk eine große Ordnung der Sitten, auffallende Enthaltsamkeit von übermäßigem Trunke und eine große Gutmütigkeit und Biederkeit erhalten, die sich besonders in ihrer Neigung, Leidenden und Unterdrückten beizustehen, zeigt". – Leider ist es immer schwieriger geworden, durch die Fischerei eine Fa=milie zu ernähren. Lebten 1896 noch 88 Familien vom Fischfang, so sind es heute nur noch 20.

Einkaufsbummel

Ein fürstlicher Machtspruch schuf 1711 die „combinierte Stadt Schleswig". Damals wurden die Altstadt um den Dom und die Fischersiedlung Holm mit den zur Residenz gehörenden Teilen Lollfuß und Friedrichsberg zusammengefaßt. Aber auch danach blieb Schleswig eine beschauliche Landstadt, die sich erst entwickelte und deren Bedeutung erst anstieg, als nach 1864 mehrere Provinzialbehörden hierher verlegt wurden. Doch auch heute noch ist Schleswig mit seinen etwa 30 000 Einwohnern überschaubar geblieben. Wer als Schleswiger durch die Einkaufsstraße, den Stadtweg, bummelt, wird dort gewiß Bekannte treffen und muß dann auch Zeit für ein kurzes Gespräch haben.

Haithabu

Von dem einst so bedeutenden Haithabu legte lange Zeit hindurch nur ein halbkreisförmiger Wall mit einer Höhe von 6 bis 10 Metern am Haddebyer Noor Zeugnis ab. In nun fast 90-jähriger archäologischer Arbeit hat man das Wissen um diesen Handelsplatz erweitert, und das Bild, das man sich von den Wikingern gemacht hatte, hat in vielerlei Hinsicht berichtigt werden müssen. Denn um eine Wikingersiedlung handelt es sich bei Haithabu. Im 8. Jahrhundert ist sie an diesem Platz, der für Handelsbeziehungen so günstig war, entstanden und zunächst vorwiegend von friesischen Kaufleuten bewohnt worden. Um 900 wird sie von schwedischen Wikingern erobert, die hier ein kleines Königtum errichtet haben. Durch etwa zwei Jahrhunderte war dieser Ort nun als bedeutender Umschlagplatz und als Handwerkersiedlung das beherrschende Handelszentrum im nördlichen Europa. Von hier aus gingen die Waren über die Ostsee vor allem nach Birka im Mälarsee und Nowgorod am Ilmensee sowie an die südlichen Küsten der Nordsee, besonders nach Hamburg und Dorestad (Westfriesland). Fertigprodukte und Luxuswaren des Westens wurden gegen Pelze, Wachs, Honig und auch Sklaven des Ostens getauscht. Die Waren brauchten nur über eine schmale Landbrücke von den Schiffen der Ostsee zu denen der Nordsee, die in Hollingstedt anlegen konnten, gebracht zu werden. Seine wirtschaftliche Bedeutung und die Formen seiner politischen und sakralen Herrschaftsstruktur ließen Haithabu zur ersten Stadt im frühmittelalterlichen Nordeuropa werden. Als es aber 1050 von Norwegern und 1066 endgültig von Slawen zerstört worden war, nahmen andere Handelsplätze seine Stellung ein.

Was in vergangenen Jahrzehnten Archäologen aus der Erde oder dem Wasser zu Tage gefördert haben, kann heute in einem 1985 eröffneten Museum besichtigt werden. Dieser Bau ist geschickt in die Landschaft eingepaßt, und seine Formen sind den Wikingerschiffen entlehnt. Eine Auswahl aus der unübersehbaren Fülle der Funde wird hier den Besuchern präsentiert. Die Texte, die graphische Gestaltung und Farbgebung und der Bezug der Objekte zueinander wollen Entdeckerfreude und Kombinationsgabe der Museumsbesucher herausfordern. Sie sollen die Möglichkeit erhalten, sich in die Welt der Wikinger, in die Welt Haithabus, hineinzuversetzen, geistig also etwa 1000 Jahre zurückwandern.

ᚠ ᚢ ᚦ ᚬ ᚱ ᚴ ᚼ ᚾ ᛁ ᛅ ᛋ ᛏ ᛒ ᛘ ᛚ ᛦ – Buchstaben des Runenalphabets, Schrift der Wikinger (Die Dänischen Runen)

Mühlen an der Schlei

MÜHLE IN FAHRDORF/SCHLEI

Wer früher auf der Schlei entlangfuhr, den grüßten vom Lande die Kirchtürme der Dörfer und daneben auch so manche Windmühle. Sie zierten beherrschende Höhen und dienten als markante Richtpunkte in der Landschaft. In den letzten Jahrzehnten ist ihre Zahl aber ganz deutlich geschrumpft, und nur noch wenige Mühlen haben bis heute überdauert. Der ältere Typ, die Bockmühle, ist ganz verschwunden. Bis in die Mitte des 18. Jahrhunderts gab es in unserem Lande nur diesen Mühlentyp. Bei ihm ruht das Mühlenhaus auf einer Pyramide aus Holzbalken, und das ganze Haus muß mit Hilfe des Steerts (einem großen Balken) in den günstigen Wind gedreht werden. Die letzte noch kornmahlende Bockmühle unseres Landes stand bis in den Zweiten Weltkrieg hinein in Schwastrum (Schwansen). – Von etwa 1750 an sind die Bockmühlen nach und nach von den Holländermühlen verdrängt worden. Bei ihnen brauchte nur noch die Kappe der Mühle gedreht zu werden, wodurch die Arbeit erleichtert wurde. Außerdem war dieser Typ leistungsfähiger: Er war höher und hatte längere Flügel, die mehr Energie lieferten, so daß größere Mahlsteine verwendet werden konnten.

MÜHLE IN LINDAU/SCHLEI

Louisenlund

Von der Großen Breite aus erblickt man das Herrenhaus Louisenlund, dessen weißer Bau, eingerahmt von dem Grün der angrenzenden Park=anlagen und Wälder, über das Blau des Wassers hinübergrüßt. Seinen Namen hat dieser Besitz nach einer Schwester des dänischen Königs, Christian VII., die seit 1766 mit dem Landgrafen Carl von Hessen ver=heiratet war. Sie erhielt dieses ehemalige Gut 1770 von ihrem Bruder zum Geschenk. Da der Landgraf als Statthalter des Königs in Got=torf residierte, wurde Louisenlund für ihn und seine Familie zur Sommerresidenz. Von 1772 bis 1776 entstand das erste Herrenhaus in klassizistischem Stil, dessen Kern in dem später erweiterten Ge=bäude noch vorhanden ist. Es ist in einen großzügig angelegten Park mit schönen Lindenalleen und vielen Durchblicken zur Schlei einge=bettet. 1831 erbte diesen Besitz das Haus Schleswig-Holstein-Sonder=burg-Glücksburg. Als nach dem Zweiten Weltkrieg eine radikale Bo=denreform drohte, wandelte der Herzog Louisenlund in ein Land=erziehungsheim* um, das als Stiftung begründet wurde.

(* Internatsgymnasium)

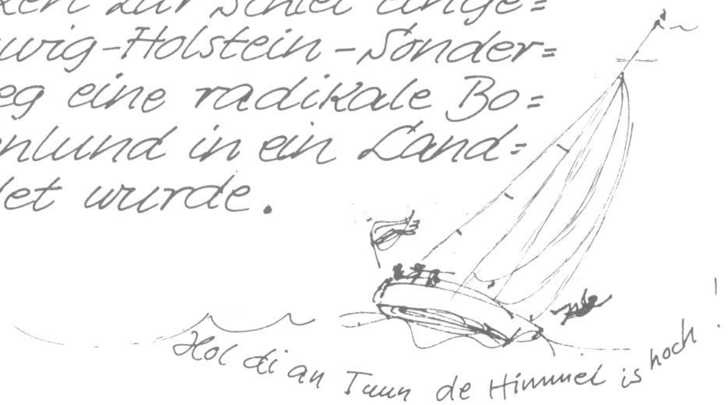

Missunde

Bei Missunde, wo die Schlei nur reichlich hundert Meter breit ist, wirkt sie mit ihren Windungen wie ein sich behäbig durch das Land hindurchschlängelnder Fluß. Um diese Enge ist im vorigen Jahrhundert dreimal erbittert gekämpft worden, als schleswig-holsteinische (1848, 1850) und preußische Truppen (1864) versuchten, an dieser Stelle das im Westen liegende Danewerk zu umgehen. Dänische Batterien konnten aber jedesmal einen Übergang verhindern. Nichts, außer einem Gedenkstein für die Gefallenen auf dem Brodersbyer Kirchhof bei Missunde (siehe auch Seite 44), erinnert heute mehr an dieses kriegerische Geschehen. Wo einstmals Truppen kämpften, bestimmen heute Sommerhäuser, Bootsliegeplätze und ein Campingplatz das Bild.

Ornum

Ornum wird zwar 1463 als Dorf erwähnt, ist aber spätestens 1530 bereits ein Edelhof. Der Gutsbetrieb ist nach dem Zweiten Weltkrieg modernisiert worden, so daß die meisten Wirtschaftsgebäude abgebrochen sind, da für sie kein Bedarf mehr bestand. Das Herrenhaus war 1826 abgebrannt und ist 1830 in spätklassizistischen Formen als schlichter Querbau neu aufgebaut worden. Hinter dem Herrenhaus erstreckt sich der Park bis zum Ornumer Noor.

Katen von Gut Ornum 86
Alt Missunde

bei Missunde 86

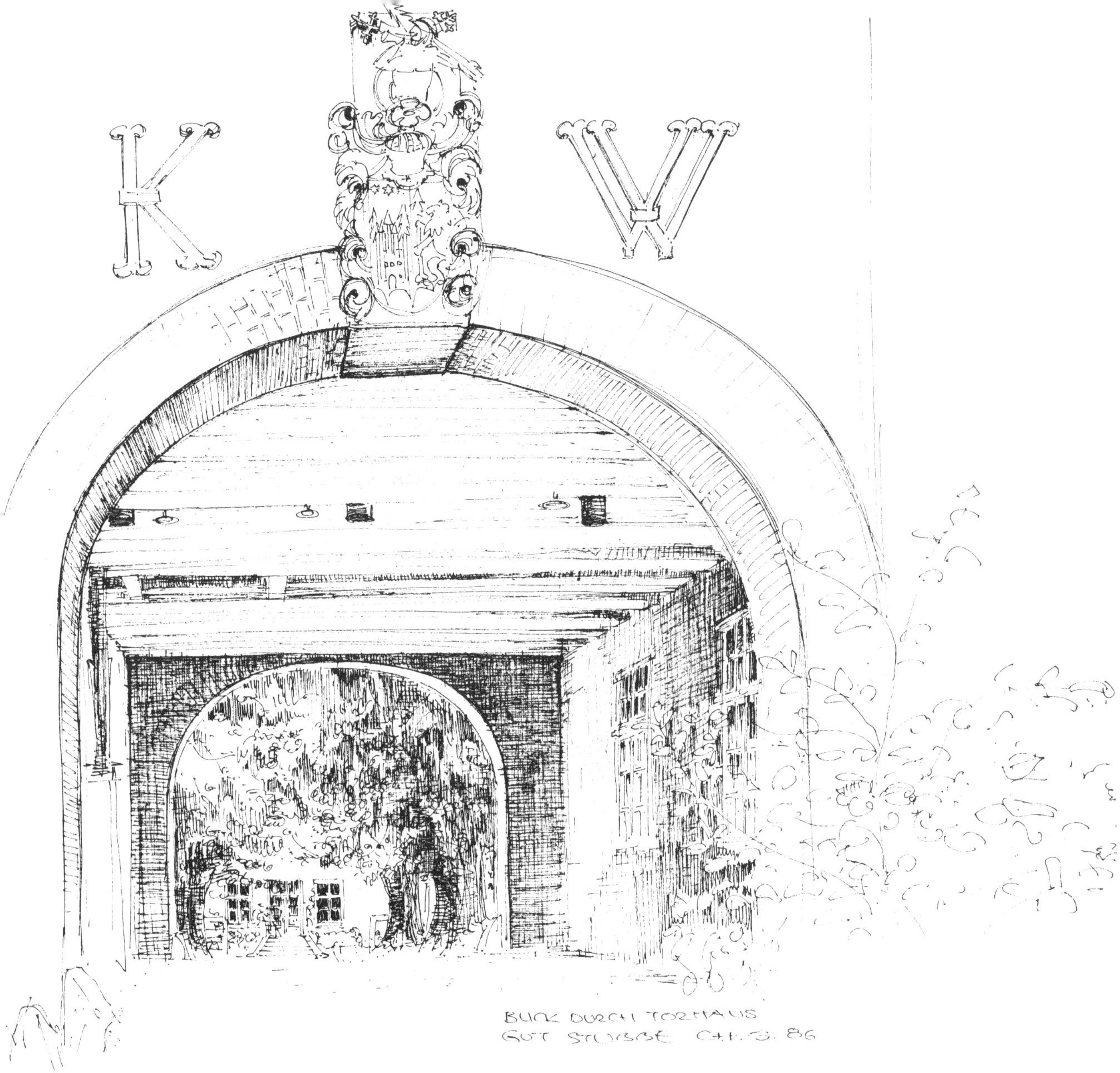

BLICK DURCH TORHAUS
GUT STUBBE CH. S. 86

Gut Stubbe und die Güter an der Schlei

Stubbe ist im Mittelalter eine Burg des Bischofs von Schleswig ge= wesen. Sie sollte die Fahrt auf der Schlei schützen und das nördliche Schwansen, das damals fast ganz dem Domkapitel gehörte, gegen die Einfälle der Slawen sichern. Während der krie= gerischen Ausein= andersetzungen zwischen den Dänen und Holsteinern ist die Burg mehrfach erobert und zerstört worden. In der Zeit der Reformation wurde Stubbe adeliges Gut und hat häufig den Besitzer gewechselt. Das Herrenhaus, ein schlichter Ziegelbau, ist 1804 bis 1808 gebaut worden. Dem Herrenhaus gegenüber ist 1914 das schöne Torhaus errichtet worden.

Weite Feldflächen und Gutshöfe mit schönem Baumbestand bestimmen das Landschaftsbild der Halbinsel Schwansen und auch des südlichen Angeln.

Schwansen ist zwar im Mittelalter einmal Bauernland gewesen – um 1450 gab es hier nicht weniger als 511 Vollbauernstellen; von den dazwischen liegenden acht Rittersitzen hatte jeder nicht mehr Land als zu zwei bis vier Bauernstellen gehörte. Doch als es sich für die Adeligen lohnte, das Land selber zu bewirtschaften, weil die Produkte der Landwirtschaft günstig verkauft werden konnten, „legten" sie Bauernstellen, d.h. Bauernhöfe wurden niedergelegt. Das Bauernland wurde dem Gutsland zugeschlagen, oder die Bauern wurden „leibeigen" und damit zu schweren Hand- und Spanndiensten verpflichtet. Diese Entwicklung führte dazu, daß Schwansen um 1750 zu einem reinen Gutsland geworden war. 15 Güter unterschiedlicher Größe mit 16 dazugehörenden Meierhöfen und den von ihnen abhängigen Bauern teilten sich fast die gesamte Halbinsel. Schon in der Napoleonischen Zeit, als die Bauernbefreiung durchgeführt wurde, haben einige Gutsbesitzer Land verkauft, wodurch neue Bauernstellen entstanden. Nach den beiden Weltkriegen sind durch Bodenreformgesetze weitere Bauernhöfe und Siedlerstellen geschaffen worden, so daß Schwansen zwar heute in seinem Charakter noch von den Gutsbetrieben bestimmt wird, aber doch nicht mehr reines Gutsland ist.

Etwas anders vollzog sich die Entwicklung in Angeln. Hier lag im 13. Jahrhundert im Raum Gelting räumlich geschlossenes Land, das dem König gehörte und das vorwiegend bewaldet war. In den Wirren zwischen dem König von Dänemark und dem Herzog von Schleswig rief der Herzog holsteinische Adelige ins Land, die er für ihre Dienste mit Königsgut entschädigte und belehnte. Mit den Adligen wanderten Knappen und Bedienstete aus dem Süden hier ein und haben allmählich die „silva gelting" erschlossen und urbar gemacht. Auch hier sind in späterer Zeit, um die Gutsareale abzurunden

und zu vergrößern, Bauernstellen gelegt worden, aber nicht in dem Maße wie in Schwansen.

Krieseby

Zur Straße hin ist das Gut Krieseby durch ein prachtvolles Torhaus abgeschlossen, über dessen Torbogen wir die Jahreszahl 1749 entdecken. In dem Jahrzehnt davor ist das Gut vom Kaufmann Christian Otte aus Eckernförde, der es 1735 erworben hatte, nach seinen Plänen neu aufgebaut worden. Das Torhaus, durch dessen breiten Torbogen man in den geschlossenen Hofraum blickt, ist als letztes Gebäude der ganzen Hofanlage fertig geworden. Mit seinen aus Quadern aufgemauerten weißen Eckrisaliten wirkt es recht wuchtig; doch die hohe dreiteilige Laternenspitze aus Holz, die sich über dem Dreiecksgiebel erhebt, gibt dem Bauwerk wieder ein wenig Leichtigkeit.

Sieseby

An einer Straße, die zur Schlei hinunterführt, und am Ufer der Schlei selbst zieht sich das idyllische Dorf Sieseby hin. Seine reizvolle Lage und die vielen schönen Fachwerkhäuser, bei denen die braunen Holzbalken sich gegen die weiß gekalkten Fächer zwar deutlich, aber doch nicht zu kraß abheben, haben schon viele Besucher erfreut. Schon mancher hat hier Geborgenheit gefunden, die in unserer Zeit so viele suchen.

Die Sage berichtet, daß nach einem Schneefall sich auf dem Erdboden deutlich die Gestalt eines Kreuzes abgezeichnet habe. Dieses Zeichen sahen die Mönche von Stubbe als Aufforderung an, an jener Stelle eine Kirche zu bauen. Dies geschah, und um die Kirche herum hat sich dann allmählich der Ort Sieseby entwickelt. – Die Kirche liegt

auf einer zur Schlei hin abfallenden Höhe und ist von einem Kranz von Bäumen umgeben, der sie im Sommerhalbjahr dem Blick derer, die an Sieseby vorbeifahren, fast ganz entzieht. Das spätromanische, aus gespaltenen Granitsteinen gebaute Schiff stammt wahrscheinlich aus der Zeit um 1200. Noch im 13. Jahrhundert ist es durch einen gewölbten Chor um zwei Joche erweitert worden, und auch das Schiff wurde gewölbt. – Die Orgel in dieser Kirche war der erste größere Instrumentenbau der heute so bekannten Firma Marcussen aus Apenrade und ist 1819 bis 1820 nach damals ganz neuen Gesichtspunkten geschaffen worden. Als 1973 ein Neubau erforderlich wurde, nahm Marcussen die alte Orgel in Zahlung; sie hat nach gründlicher Überarbeitung einen würdigen Platz in der Marienkirche zu Hadersleben gefunden. 1981 konnte zu Weihnachten in Sieseby die neue Orgel eingeweiht werden. Der alte Orgelprospekt aber ist in Sieseby geblieben und erfreut mit seinem ausgeglichenen Schaubild wie schon in früheren Zeiten den Betrachter.

Der gepflegte „Schliekrog" in Sieseby hat schon manchen Gast in seinen Räumen gesehen, der dann zufrieden weitergezogen ist. Ein besonderes Ereignis aber war für diesen Gasthof ein Besuch am 28. 12. 1984. Damals kehrte die Königin von Dänemark, Margarethe II., mit ihren Söhnen, dem Kronprinzen Frederik und Prinz Joachim, und weiteren Verwandten hier ein. Trotz der winterlichen Jahreszeit scheint es ihr in Sieseby zugesagt zu haben. Denn sie und ihre Begleiter trugen sich nicht nur bereitwillig in das Gästebuch ein, sondern die Königin sagte auch beim Abschied zum Wirt: „Farvel – der Schliekrog ist ein königliches Haus."

Königlichen Besuch hat Sieseby schon einmal im vorigen Jahrhundert gehabt. 1833 hatte es sich herumgesprochen, daß der damalige

SIESEBY / SCHLEI
G. HUDEMANN-SCHWARTZ 86

König Frederik VI., auf der Rückfahrt von Louisenlund in Rieseby anlegen wollte. Zufällig war es gerade ein Sonntag. Die Gemeinde lauschte gerade den erbaulichen Worten ihres würdigen Pastors, als plötzlich die Kirchentür aufgerissen wurde und ein fast atemloser Bauernburche in die Kirche rief: „Dat Dampschipp kummt!" Wie elektisiert erhob sich die Gemeinde mit einem Schlag und stürzte ins Freie, ihren erstaunten Seelenhirten allein zurücklassend. Diesem

blieb nichts anderes übrig, als seine Predigt abzubrechen und ebenfalls die Kirche zu verlassen. Am Schleiufer fand er seine Gemeinde vollzählig wieder: Einem König zujubeln zu dürfen und das erste Dampfschiff, das die Schlei befuhr, bewundern zu können, hatte alle dorthin gelockt.

HÜHNENGRAB BEI BIENEBEK./SCHL

Schöne Landschaft

Alles ist hier schön, alles paßt und harmoniert. „Hier wird der gefühlvolle Verehrer der Natur durch eine angenehme Mischung von sanften Hügeln und kaum bemerkbaren Thälern, schattenreichen Wäldchen, Wiesen und Kornfeldern, die unten ausgebreitete Wasserfläche und endlich das gegenüber aufsteigende mit Mannigfaltigkeit ausgeschmückte Ufer, dankbar entzückt" So hat Otte in seinen „Bemerkungen über Angeln" 1791 den Eindruck, den das Schleiufer auf ihn gemacht hat, festgehalten. Das trifft auch nach nun 200 Jahren noch zu, und die Hochspannungsmasten, die inzwischen hinzugekommen sind, haben sich eingefügt. Geblieben ist der fruchtbare, meist lehmige Boden, auf dem Getreide und Rüben prachtvoll gedeihen; Wiesen und Weiden sind hier von saftigem Grün bedeckt. Nördlich der Schlei, in Angeln, treffen wir auf den Weiden eine rotbraune Rinderrasse mit hoher Milchleistung an, die hier gezüchtet worden ist, während uns südlich der Schlei, in Schwansen, auf den Weiden vorwiegend das schwarz-weiße Rind begegnet. Diese Rinder, ob rotbraun oder schwarz-weiß, beleben die Landschaft.

Hier und da tauchen im Lande Hügel auf, oftmals von Eichen und Buchen und auch Buschwerk bewachsen. Es sind dies Hünengräber – oder wie der Wissenschaftler sie nennt – Großsteingräber (Megalithgräber). Diese Gräber waren wahrscheinlich die Mausoleen mächtiger Sippen. Kleine Tragsteine sind so gesetzt worden, daß ein Hügel entstand. Bei manchen Gräbern ist später die Erde abgetragen worden, so daß wir die Steinsetzung gut erkennen können. Viele aber sind als Steinbruch

genutzt worden (das Fundament der Kappelner Kirche besteht aus den Steinen von 22 solchen Gräbern), oder sie mußten der intensiver arbeitenden Landwirtschaft weichen. Deshalb können wir uns freuen, daß diese Zeugen der Vergangenheit noch vereinzelt unversehrt erhalten geblieben sind.

Marienhof

Marienhof ist bekannt geworden durch Helene Voigt-Diederichs, die hier 1875 geboren worden ist, die hier ihre Kindheit und Jugend verbracht hat und die in ihren Büchern das Leben auf einem Gutshof und darüber hinaus das Landleben insgesamt in der zweiten Hälfte des vorigen Jahrhunderts eingefangen hat. Die Titel „Auf Marienhoff" (1925) und „Schleswig-Holsteiner Landleute" (1905) sagen es schon; aber auch in ihren Romanen begegnet uns immer wieder jene Welt. Mägde und Knechte, Tagelöhner und Fischer und arme Häusler sind die Gestalten ihrer Erzählungen.

Ihre Darstellungen schleswig-holsteinischen Volkslebens gehören zu den besten der naturalistischen Heimatkunst.

Die Königsburg

Von den Burgen, die einmal an der Schlei gestanden haben, war die Königsburg wahrscheinlich das stärkste Bollwerk. In der Zeit, als der König und der Herzog sich besonders heftig befehdeten (1410 - 1435), ist sie gebaut worden. Eine entscheidende Rolle aber hat diese Burg in jenen Kämpfen nicht gespielt. Heute erinnern nur noch die Überreste der doppelten Umwallung an den Festungsbau.

Bienebek

Dort, wo heute Bienebek steht, lagen im Mittelalter zwei Bauerndörfer. Aber 1507 taucht Bienebek bereits in einer Urkunde auf. Zu Anfang des 18. Jahrhunderts ließ der damalige Besitzer einen prachtvollen Park anlegen, von dem aber nur noch Spuren vorhanden sind.

Buckeln nur vör uns Herrgott, nie vör anner Lüüd! (Falls Em triffst!)

Saxtorf

Das landschaftlich reizvoll gelegene Gut Saxtorf wird 1480 zum erstenmal genannt, ist zu jener Zeit aber wahrscheinlich noch ein Dorf gewesen, worauf der Name schon hinweist. Etwa um 1500 aber ist es schon ein Gut, und der große Wirtschaftshof und der das Gut umgebende Wassergraben stammen aus jener Zeit. Das Herrenhaus aber ist wesentlich jünger: Es ist 1851 bis 1852 gebaut worden, nachdem das ältere 1842 am zweiten Weihnachtstag abgebrannt war.

GUT SAXTORF / SCHLEI
C. HUDEMANN-SCHWARTZ 86

Grünholz

Grünholz nimmt in der Landschaft Schwansen eine Sonderstellung ein. Zwar war es, seit es 1463 zum erstenmal erwähnt worden ist, in der Hand des Adels wie die anderen Güter auch. Doch ist es 1855 von den Herzögen zu Schleswig-Holstein-Sonderburg-Glücksburg erworben worden und hat sich seitdem zum Hauptsitz dieses Hauses entwickelt. Deshalb wird auch das Herrenhaus von 1749 gern als Schloß bezeichnet, obwohl es sich baulich von anderen Herrenhäusern nicht unterscheidet.

Die Schwonsburg

Wer, von Schleswig kommend, auf der Schlei in Richtung Arnis fährt, freut sich über das so idyllisch daliegende kleine Anwesen auf der Schwansener Seite. Es liegt auf einem nicht gerade sehr hohen, aber doch steil ansteigenden Hügel, der einst den Baugrund für eine Burg abgegeben haben soll. Im 15. Jahrhundert nämlich soll hier die Schwonsburg gestanden haben. Sie gehörte zu den festen Plätzen, mit denen einmal der König und ein andermal der Herzog den wichtigen Wasserweg sichern wollten. Die Natur hatte mit dem Hügel eine günstige Voraussetzung dafür geschaffen. Von irgendwelchen Kämpfen um diese Burg ist aber nichts bekannt, und manche Leute bezweifeln deshalb, daß es sie überhaupt gegeben hat.

Olpenitz

Bereits 1285 wird Olpenitz in einer Urkunde des Königs erwähnt und ist damals offensichlich eine Burg zum Schutze der Schleimündung gegen eindringende Seeräuber gewesen. Damit gehört Olpenitz zu den wenigen Besitzungen in Schwansen, die schon im 13. Jahrhundert genannt werden. Seit 1436 taucht Olpenitz als Gut auf (Curia), und seit 1684 befindet es sich im Besitz der Familie von Ahlefeld. Das Herrenhaus stammt aus dem Anfang des 18. Jahrhunderts, ist aber im 19. Jahrhundert – vor allem in der Fassade – verändert worden. Es liegt auf einer kleinen Burginsel, von der man in den Park, der sich mit langen Lindenalleen bis zur Schlei hinzieht, gelangen kann. Der ganze Gutshof ist, wie dies bei den meisten Gütern in Schwansen der Fall ist, von einem Wassergraben umgeben.

OLPENITZ GUT / SCHLEI

TORHAUS GUT OLPENITZ

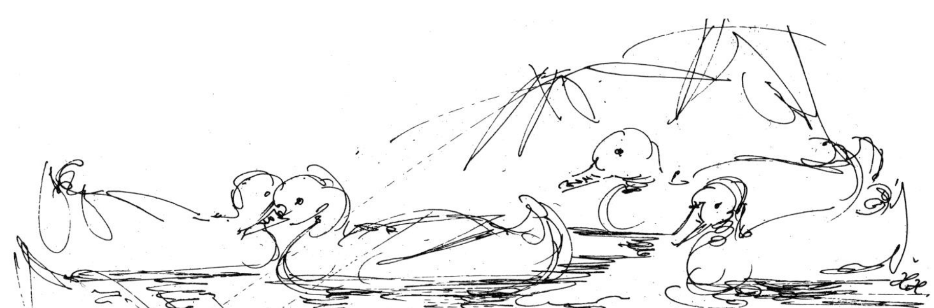

OLPENITZER NOOR / SCHLEI
C. HUDEMANN-SCHWARTZ 86

St.-Johannis-Stift

Das St.-Johannis-Stift in Damp ist 1742 als Stiftung gegründet worden. Alte Gutsarbeiter, aber auch Arme sollten hier eine Bleibe finden. Stiftungen dieser Art gibt es auch auf anderen Gütern, aber nur wenige sind so wohlgefällig und ansprechend wie diese. Die vier Häuser und die Kapelle, die zu dieser Stiftung gehören, sind in kräftigen gelblichen Tönen gestrichen; die eingeschossigen Häuser wirken einladend und freundlich.

ST. JOHANNIS-STIFT BEI DAMP/SCHLEI
C. HUDEMANN-SCHWARTZ 86

Ganz im Osten der Schlei, dort, wo noch einmal eine Bucht nach Süden ausgreift, hat die Bundesmarine 1964 einen Stützpunkt errichtet. Er soll nicht – wie früher die Burg Olpenitz – die Schleimündung schützen, sondern die Ausgänge der Ostsee (Sund, Großer und Kleiner Belt) sichern. ~

Die Zeichnung vom Marinestützpunkt folgt auf der nächsten Seite. Aber vorher möchte ich Sie zu unserer kleinen Badebucht auf der Angelner Seite bei Brodersby entführen. ~
H.H.

"SCHÖNE AUSSICHTEN"
OLPENITZ/SCHLEI
C. HUDEMANN-SCHWARTZ 86

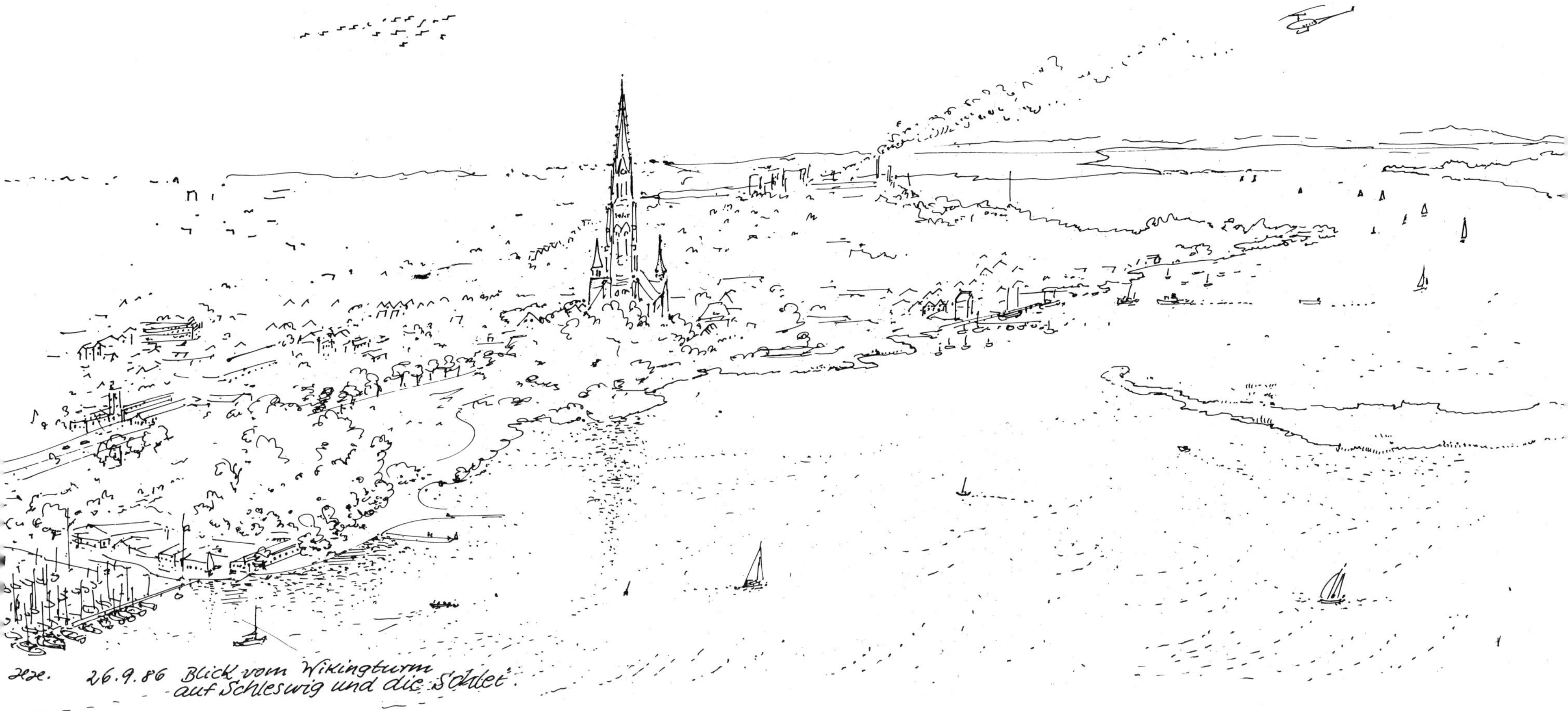

Angeln

Vom Wikingturm aus, der im innersten Winkel der Schlei gebaut worden ist und dessen Standort und Architektur lange Zeit hin= durch sehr umstritten waren, schweift der Blick über die Stadt, auf der Schlei entlang und weit ins Land hinein. Es ist Herbst: Von der Zuckerfabrik, die am äußersten Ostrand von Schleswig liegt, steigen Dampfwolken auf. Sie hat 1953 ihre Arbeit aufgommen, ist das größte Industrieunternehmen in Schleswig und verarbeitet in einer „Kampagne" von etwa 80 bis 90 Tagen alle Zuckerrüben, die im Osten unseres Landes angebaut werden.

Baden in der Schlei

Baden in der Schlei! Wer denkt da nicht an seine Kinder- und Jugendjahre zurück, wenn ein heißer Sommertag dazu lockte, im Wasser Kühlung und Erfrischung zu suchen. Viele Möglichkeiten bieten sich hierzu an der Schlei: Buchten mit nur langsam tiefer werdendem Wasser und stille Winkel mit sandigem oder auch grünem Ufer, wo man sich nach dem Baden wieder von der Sonne wärmen und verwöhnen lassen kann. Hier findet man wieder zu sich selbst und kann ein wenig eintauchen in die Natur.

Schöne stille Noore

Wie ein breiter Flußlauf zieht sich vom Südufer der Schlei aus das Ornumer Noor nach Westen. Das Noor bei Brodersby hingegen erstreckt sich als offene Bucht von der Schlei aus nach Norden. Die Bezeichnung „Noor" kommt aus dem Dänischen und meint ein flaches, durch einen Zugang mit einer Bucht oder Förde verbundenes Gewässer.

Kirche in Brodersby

Die kleine Kirche in Brodersby ist eine romanische Feldsteinkirche. Der hölzerne Glockenturm schmiegt sich unmittelbar an die Westseite an, was ungewöhnlich ist, da die Glockentürme sonst fast immer ein wenig abseits stehen.

Plattdeutsche Morgenandacht vom 9. 5. 1984. von Pastor Friedrich Willert von der Brodersbyer Kirche (Auszug):

„De hier in Brodersby hen nah Kark geiht, kümmt door op'n Karkhoff een lange Reeg vun oole Graffkrüüzen an vörbi: all egool weg ut Jesen gaten un swatt anstreken. Dat is de Graffsteen vun de Soldaten, de domols – achteinhunnertveerunsößtig weert – in't Gefecht vun Missun hier an de Schlie fullen sünd. To ehr Leevstieden kunnen se nich to'n anner finnen, Düütsche un Dänen.
Man as se doot weern, hem se ehrn Platz Sied an Sied kreegen – höreten nu tosamen – hier op'e Kirchhoff vun Brodersby. Disse eene groote Graffsteen för se all tosamen, steiht de nich as'n Teeken för een Freeden, de wiet över dat rutgeiht, wat wi Minschen hier op'e Eer trechkregen köönt?"

KIRCHE BRODERSBY/SCHLEI

Die Kirche von Ulsnis

Von dem Friedhof aus, der die Kirche von Ulsnis umgibt, hat man über das langsam zur Schlei hin abfallende Gelände einen prächtigen Blick auf die im Sonnenlicht blau heraufgrüßende Schlei und das gegenüberliegende bewaldete Ufer. Die Kirche ist wahrscheinlich am Ende des 12. Jahrhunderts gebaut worden und damit die erste Steinkirche an der Schlei. Schon sehr früh ist sie nach Westen hin erweitert worden, und diese Erweiterung ist breiter als der ältere Teil.
Mittel- und Westteil sind aus Feldsteinen gebaut, der 1796 zugefügte Ostteil besteht aus Ziegelsteinen. Durch eine Anzahl von Reliefs, die in das Mauerwerk eingelassen sind, ist die Kirche weithin bekannt. Es handelt sich dabei um christlich-mythologische Skulpturen aus der Frühzeit der Kirche, deren Bedeutung nicht ganz sicher ist. - Im Osten - jenseits der Friedhofsmauer - steht auf einem kleinen Hügel der hölzerne Glockenturm von 1790.

Schleifahrten

Sehen wir auf unseren Fahrten durchs Land heute eines der alten Bauernhäuser, so freuen wir uns, denn diese Bauten passen so recht in das Bild der Landschaft hinein. Man hat in früheren Zeiten als Baumaterial nämlich nur verwendet, was die Umgebung bot (Holz, Lehm, Schilf und Stroh), weil an einen Transport über größere Entfernungen nicht zu denken war.

An einem Sommertag auf der Schlei von Schleswig bis Kappeln zu fahren, ist ein besonderes Vergnügen. Ständig wechseln die Eindrücke, die das Auge aufnimmt: Bewaldete Ufer, fruchtbare Felder, Weiden mit Rindern gleiten an uns vorüber und immer grüßen Dörfer oder auch Ferienhäuser.

op un dol-Brüch

Die Eisenbahnbrücke bei Lindaunis

Wer bei Lindaunis die Schlei überqueren will, benutzt hier eine der wenigen kombinierten Eisenbahn- und Straßenbrücken, auf der nicht – wie an anderen Orten – Bahn- und Straßenverkehr nebeneinander oder auf zwei verschiedenen Ebenen das Gewässer überqueren, sondern Züge und alle Straßenfahrzeuge (und natürlich vereinzelte Fußgänger) sich auf derselben Fahrbahn bewegen. Die Bahn hat hier selbstverständlich Vorfahrt, und wenn ein Zug sich nähert, wird die Brücke rechtzeitig für den anderen Verkehr geschlossen. Sie ist gerade so breit, daß nur der Verkehr aus jeweils einer Richtung sie passieren kann. Als die Bahnstrecke 1899 in Betrieb genommen wurde, überspannte zunächst eine Bogenbrücke die

Juli 86 x. Unsere kleine Badebucht

HH. Schlei 1985

DAS "VI SA VI" VON SIESEBY / SCHLEI
C. HUDEMANN-SCHWARTZ 85

Schlei. 1929 ist sie durch die jetzige Klappbrücke ersetzt worden. Wenn die „große Klappe" nach oben schwenkt (in jeder Stunde immer ab „halb"), können die Jachten und Motorboote, die darauf gewartet haben, ihre Fahrt fortsetzen, während sich auf der Straße schnell lange Warteschlangen bilden.

Lindauhof

Wandern wir, von der Brücke kommend, nach Angeln hinein, so erblicken wir zur Linken über das Lindauer Noor hinweg Lindauhof. Dieses ehemalige Gut ist durch Jahrhunderte hindurch im Besitz des Adels gewesen. 1779 hat Christian VII. von Dänemark das Gut gekauft, und bereits 1783 hat er das zum Gut gehörende Land aufteilen (parzellieren) lassen, um neue Bauernstellen

An der Schlei
Dahinten die
Eisenbahnbrücke
bei Lindaunis August 89 H. Hudemann

zu schaffen. Die bisherigen Gutsuntertanen erhielten damals ihre Freiheit. Ein Gedenkstein, der 100 Jahre danach errichtet worden ist, erinnert noch an jenes Ereignis. Vom alten Gut steht noch das um 1550 erbaute Herrenhaus, das 1699 durch einen Ausbau nach Osten erweitert worden ist. Mit seinem Reetdach und dem Fachwerkgiebel stellt es unter den Herrenhäusern etwas Besonderes dar; und da es recht malerisch, aber nicht zu großartig wirkt, hat es für die Fernsehsendung „Der Landarzt" die Kulisse abgegeben.

Etwas weiter im Norden, am südlichen Ortsrand von Lindau, steht auf einer kleinen Erhebung eine Windmühle. Sie bestimmt das Ortsbild, wie es früher einmal die Windmühlen allgemein getan haben. Diese Mühle gehört zum Typ der „Holländermühlen", die von einer „Galerie" umgeben und geschmückt sind. Erfreulicherweise ist die Lindauer Mühle durch den Einsatz ihres Besitzers und durch die Bereitschaft der Öffentlichen Hand, Mittel für ihre Restaurierung zur Verfügung zu stellen, in einem guten Zustand, noch voll funktionsfähig und auch zeitweilig in Betrieb.

LINDAU HOF/SCHLEI

Arnis

Wer heute durch die so idyllisch anmutende, von Linden gesäumte Straße von Arnis geht, wird kaum vermuten, daß dieser kleine Ort seine Gründung einem fast dramatischen Geschehen zu verdanken hat. Im Jahre 1666 nämlich verlangte Detlef von Rumohr, Herr auf Roest, von den Bewohnern Kappelns, daß sie ihm den Untertaneneid schwören sollten. Wer dies tat, wurde damit sein Leibeigener; wer sich aber weigerte, wurde in Ketten gelegt oder „in den Block geschlossen". Deshalb wandten sich mehrere Einwohner an den Landesherrn, den Herzog von Gottorf, und baten ihn, sie aus ihrer so schwierigen Lage zu befreien. Als Mahnungen und Drohungen des Herzogs beim Gutsherrn keinen Erfolg hatten, wies er jenen Familien, die Kappeln verlassen wollten, seine „zur Schiffahrt bequeme Insel Arnis mit gewissen Privilegien" als Wohnplatz an. 62 Familien machten von diesem Angebot Gebrauch, verließen Kappeln und zogen nach Arnis.

Der Anfang war nicht leicht. Zwar hatte man unter Einsatz aller Kräfte 1673 eine Kirche in bescheidener Form vollendet, doch standen um 1700 noch nicht einmal 30 Häuser. Erst nach dem Nordischen Krieg (1700–1721) verlief die wirtschaftliche Entwicklung für die Bewohner von Arnis etwas günstiger, und

der Ort erlebte seine erste Blütezeit. Landwirtschaftliche Produkte des Umlandes wurden damals mit Schiffen aus Arnis nach Dänemark, Schweden und Norwegen und vereinzelt sogar bis Westindien befördert. Das Ansehen der Schiffseigner und Kapitäne aus Arnis war damals so groß, daß man ihnen überall Kredit gewährte. Arnis galt in jener Zeit als der reichste Ort Angelns. Die Zahl der Schiffe wuchs bis 1784 auf 28 und die Zahl der Häuser auf 86, und um 1800 waren die Lange Straße und die Kälberstraße (Schulstraße) voll bebaut.

Von einem Rückschlag in der Napoleonischen Zeit hat sich der Ort bald wieder erholt, wie wir der Topographie Johannes von Schröders entnehmen können. Es heißt dort für die Zeit um 1850: „Dieser Flecken ... hat eine anmuthige Lage und zeichnet sich durch ein gefälliges Aeußere aus; er enthält jetzt ... 106 Häuser und 809 Einwohner. – Fast bei jedem Hause befindet sich ein Garten. – Die Einwohner sind fast alle Schiffer und Seefahrende; der Handel ist unbedeutend.... Es sind hier zwei Brennereien, zwei Brauereien und vier Mälzereien. Wirtshäuser giebt es hier mit dem Fährhause fünf." Als im Deutsch-Dänischen Krieg 1864 hier preußische Truppen die Schlei überschritten, lebten im Ort 1054 Menschen, und 88 Schiffe waren hier beheimatet. Danach setzte aus verschiedenen Gründen ein wirtschaftlicher Rückgang ein, und als Arnis 1934 das Stadtrecht erhielt, war es mit Abstand die kleinste Stadt Schleswig-Holsteins und ist es mit etwa 500 Einwohnern auch heute noch.

Es gibt in dieser Stadt wohl drei Werften und mehrere Ladengeschäfte, aber keine Schule und keine eigene Verwaltung. Weil sich im letzten Jahrhundert in dieser kleinen Stadt nur wenig verändert hat, besitzt sie eine besondere Anziehungskraft für den Fremdenverkehr, der für den Ort auch eine wirtschaftliche Bedeutung

erlangt hat. –

In der etwa 600 Meter langen Straße reihen sich in geringen Abständen ein- oder zweigeschossige, giebelständige Häuser aneinander. Viele Häuser hatten einmal eine oder zwei Utluchten (erkerartige Ausbauten im Erdgeschoß), von denen sich aber leider nur wenige erhalten haben. Doch über hübsche

Haustüren können wir uns noch immer freuen.

Vom Südende der Straße aus gelangt man nach wenigen Schritten zur Kirche. Sie zeigt auf der Nordseite noch das Fachwerk, in dem sie 1673 gebaut worden ist; die anderen Mauern sind 1733 in Ziegelbauweise erneuert worden. 1825 hat die Kirche den hölzernen Glockenturm erhalten, der unmittebar

an die Westseite anschließt. Unter einem steil aufragenden Walmdach finden wir im Inneren eine flache Holz=balkendecke, an der alte Segelschiffsmodelle hängen, - Geschenke von Arnisser Seefahrern, die auf diese Weise ihren Dank dafür zum Ausdruck bringen wollten, daß sie aus Seenot errettet worden waren. Diese Votivschiffe geben dem Kirchenraum ein eigenes Ge=präge; das älteste Modell (von 1770) hängt rechts vor dem Altar. Eigenartig ist aber

auch, daß der Orgelprospekt sich hier über dem Altar befindet und nicht wie in ande=ren Kirchen dem Altar gegenüber. - Auf dem Friedhof künden einige monumentale, sorg=fältig gearbeitete Grabplatten mit schö=nen Schiffsornamenten von dem Geschmack und dem Wohlstand der alten Schifferfa=milien.

KIRCHE IN ARNIS/SCHLEI
INNEN

Schiffswerft A. Eberhardt Arnis

Werften in Arnis

Auf den Werften in Arnis werden schmucke Schiffe gebaut und Reparaturen der verschiedensten Art durchgeführt. Im März 1987 konnte das 1908 gebaute Fördeschiff „Alexandra", das älteste noch fahrende Dampfschiff Deutschlands, nach einer Generalüberholung hier zum zweitenmal vom Stapel laufen.

Natürlich stärken die Werften die Wirtschaftskraft des Ortes nicht unwesentlich und bieten auch mehrere Arbeitsplätze. Doch eine Expansion der Werftbetriebe wird vom Landesdenkmalpfleger für das Ortsbild als „bedrohend" angesehen. Zwar hätten Bootswerften von Anfang an in Arnis ihren Platz gehabt, „doch würde die geplante Werfthalle mit insgesamt neun beanspruchten Hausparzellen und einer die Kleinhausbebauung um das Doppelte überflügelnden Firsthöhe" alle ortsüblichen Dimensionen sprengen.

Bi de Werft vun Matthiessen & Paulsen in Arnis 1986

Roest

Roest ist eins der ältesten Güter in Angeln. Bereits 1231 wird es in König Waldemars Erdbuch genannt. Das Herrenhaus stammt allerdings aus einer viel jüngeren Zeit. 1590 ist der rechte und 1641 der linke Flügel fertiggestellt worden. Beide Flügel sind mit Schweifgiebeln geschmückt. Das barocke Sandsteinportal, das den westlichen Flügel ziert, ist 1966 sorgfältig restauriert worden.

Von 1498 bis 1797 war Roest im Besitz der Familie von Rumohr. Mit den Ahlefeldts, Brockdorfs und Reventlows gehört sie zu den alten und begüterten Adelsfamilien unseres Landes. Der erste Besitzer,

Schack von Rumohr, konnte sich seiner Erwerbung allerdings nicht lange erfreuen; 1500 fiel er im Kampf gegen die Dithmarscher bei Hemmingstedt. Sein Sohn, Hennecke, konnte 1533 vom Domherrn Hinrich Pogwisch den Flecken Kappeln gegen eine jährliche Rente von 30 Mark erwerben. Dessen Sohn, Asmus, verfolgte rücksichtslos seine Interessen und wurde einer der reichsten Männer seiner Zeit in Schleswig-Holstein; („Wat nützt mi dat, wenn du mi ok 'n Sack Goldstück' schenkst, wenn ik dree Doog nich ut de Büx kann!" H.H.) – er besaß bei seinem Tode sechs große Güter und 110 Bauernhöfe und baute den rechten Flügel des Herrenhauses. Kunstsinn und Rücksichtslosigkeit lagen nicht nur bei ihm, sondern auch bei seinen Nachkommen oft dicht beieinander.

Detlef von Rumohr (+ 1678) kämpfte in den Diensten Venedigs, auf Kreta gegen die Türken und geriet dort in deren Gefangenschaft. Die Bürger von Kappeln sammelten daraufhin einen Beutel Gold, mit dem zwei junge Schiffer nach Konstantinopel fuhren und mit dessen Hilfe sie tatsächlich ihren Gutsherrn aus der Gefangenschaft befreien konnten. Nicht lange nach seiner Rückkehr verlangte Detlef den Einwohnern von Kappeln einen Huldigungseid ab, womit sie seine Leibeigenen geworden wären. 1677 wurde er dänischer Generalmajor und ist im Jahr darauf auf Rügen durch eine Kanonenkugel tödlich getroffen worden. – Das für die Familie Rumohr letzte Jahrhundert auf Roest brachte eine neue Epoche. Es war eine Zeit der stillen Beschaulichkeit, der Fürsorge um den Besitz und des Fleißes.

Kappeln

Wer sich von Schwansen aus Kappeln nähert, freut sich über das Bild, das sich ihm bietet: Die Kirche und die wieder hergerichtete Mühle überragen die auf der Höhe über der Schlei sich hinziehende Stadt und grüßen weit ins Land hinein. Im Hafenbereich am Schleiufer liegen Silos, Fischräuchereien und mehrere Häuser, in denen sich vorwiegend Gaststätten oder Geschäfte befinden. Die Schlei ist bis 1974 Kappelns Stadtgrenze nach Osten hin gewesen. Damals aber ist Kappeln im Zuge der Kommunalreform nach Osten hin erweitert worden, und im Westen ist noch Mehlby eingemeindet worden. Das Stadtgebiet wuchs damit von 384 ha (wovon 107 ha Schleiwasser waren) auf 4300 ha, die Einwohnerzahl erhöhte sich von etwa 4600 (1970) auf reichlich 9800.- Der Name Kappeln leitet sich von einer Kapelle her, die 1357 zum erstenmal in einer Urkunde erwähnt

wird und die dem heiligen Nikolaus geweiht war. Da dieser Hei=lige ein Schutzpatron der Seefahrer ist, hat es sich wohl um eine Schifferkapelle gehandelt, die dort errichtet worden ist, wo die Schiffe, vor Stürmen ge=schützt, anlegen konnten.

Vor allem Fischer und Handwerker haben sich später in diesem kleinen Ort, der abseits aller großen Verkehrswege lag, angesiedelt und lebten dort recht bescheiden. Im 18. Jahrhundert je=doch blühte der Ort langsam auf, weil hier die landwirtschaftlichen Produkte Angelns und Schwansens verladen und von hier aus ex=portiert wurden. 1776 waren bereits 33 Schiffe in Kappeln beheimatet und 1864 sogar 74. Doch dann war die Entwicklung längere Zeit hindurch rückläufig. Ein wenig belebte sich die wirtschaftliche Entwicklung der Stadt erst wieder, als Kappeln in den Jahren 1886

ALTER SPEICHER IN KAPPELN 85 C.H.S.

MAN BEACHTE DIE SENSIBILITÄT MIT DIE "STADTBELEUCHTUNG" ANGEBRACHT WURDE! DER MENSCH IM SCHUPPEN DAHINTER: DEN OLLEN MISTKASTEN SOLLEN SIE MAN ENDLICH ABREISSEN. FRAUCHEN, SIE HABEN KEINE AHNUNG VON "HISTORIE"!

bis 1904 Bahnanschluß nach Flensburg, Eckernförde und Schleswig erhielt und als 1927 die Ponton=brücke durch die jetzige Klappbrücke ersetzt wurde. Ganz neues Leben entwickelte sich am Hafen, als Anfang der sechziger Jahre die Personen=schiffahrt nach Sonderburg (die „Butterfahrten") aufgenommen wurde. Die Zahl derer, die an diesen Fahrten teilnahmen, stieg in einem Maße, wie es wohl kaum jemand erwartet hatte. Waren es 1965 nur 20 000 Fahrgäste, so wurde 1980 mit 672 000 Fahrgästen ein Höhepunkt erreicht. Wenn auch die Zahl seitdem

ein wenig zurückgegangen ist (1986: 563000), so ist doch das Interesse an solchen Fahrten erfreulich groß geblieben. Die Teilnehmer sind zum Teil Sommergäste, werden aber vorwiegend mit Bussen aus dem ganzen Land und auch von südlich der Elbe herangefahren.

Die Fischer Kappelns haben von jeher die Möglichkeit genutzt, nicht nur in der Ostsee, sondern auch in der fischreichen Schlei fischen zu können. Sie haben dabei eine besondere Methode entwickelt, den Hering zu fangen. Sie stellten „Heringszäune" ins Wasser, deren Flechtwände nach Schleimünde hin weit geöffnet waren, in der entgegengesetzten Richtung aber aufeinander zuliefen und an deren Ende die Heringe gefangen wurden. 1642 gab es in der Schlei 41 Heringszäune, die meisten davon zwischen Arnis und

ICH GLAUB', DER LIEBE GOTT MAG AUCH AAL!
KAPPELN AN DER SCHLEI   C. HUDEMANN-SCHWARTZ 85

KAPPELN AN DER SCHLEI / IM VORDERGR. HERINGSZÄUNE
C. HUDEMANN-SCHWARTZ 85

Schleimünde. Weil die Zäune aber im eisreichen Winter immer wieder zerstört wurden, verringerte sich ihre Zahl nach und nach, und seit 1905 gibt es nur noch den einen von Ellenberg, vor Kappeln, der heute als kleines Kulturdenkmal erhalten wird. – Neben den Heringszäunen ließen auch Räuchereien erkennen, daß die Fischerei für Kappeln ihre Bedeutung hatte. Der Schleibückling,

den die Räuchereien noch heute liefern, ist weit über die Grenzen Kappelns hinaus als Delikatesse bekannt.

Als in der zweiten Hälfte des 18. Jahrhunderts die alte Kirche zu klein geworden war, wurde sie abgerissen, und der Landbaumeister F. A. Richter erhielt vom Patron der Kirche, Hans Adolf von Rumohr, den Auftrag, eine neue Kirche zu bauen. Sie wurde der letzte barocke Kirchenbau des Landes und ist 1793 eingeweiht worden.

KAPPELN
C. H. S. 86

Über einem Sockel aus Feldsteinen erhebt sich ein Baukörper in Form eines langen Rechtecks mit breit abgeschrägten Ecken und einem im Westen ansetzenden Turm. Ein hohes, nach Osten wie nach Westen gleichartig abgewalmtes Pfannendach mit einem kleinen Dachreiter in der Mitte wölbt sich über dem Bau. „Die ... Gestaltung des Äußeren" wird noch übertroffen durch den herrlichen Innenraum, der in seiner einheitlichen Durchbildung als der schönste neuzeitliche Kirchenraum des Landes gelten darf. ... In hervorragender Weise ... beherrscht den Raum der Aufbau der Ostseite, der in sich Altar, Kanzel, Orgel, Orgelempore, Herrschaftslogen und Sakristei zu einer gewaltigen... Gruppe vereinigt." (Burgheim) An der Nordwand ist das alte Altarblatt aufgehängt, ein Meisterwerk von Hans Gudewerdt d. J. aus dem Jahre 1641.

Bei Rabelsund

Fahren wir von Kappeln auf Maasholm zu, so erreichen wir dort, wo die Schlei wieder die West-Ost-Richtung eingenommen hat, Rabelsund. Schon von weitem grüßt das freundliche Fährhaus, von dem aus aber nicht wie bei Arnis oder Missunde eine Fähre Menschen oder auch Fahrzeuge auf das andere Schleiufer übergesetzt hat, sondern wo in früheren Jahren die Schleischiffe angelegt haben. Wer hier ausstieg, konnte im Fährhaus einkehren oder auf einem schmalen Weg zwischen hohen Knicks nach Rabel oder dem Gut Buckhagen wandern. Blickte er über die Schlei auf das gegenüberliegende Ufer, so sah er dort oberhalb des Steilhanges das Ellenbergholz. – Die Schleienge zwischen den beiden bis auf etwa zehn Meter ansteigenden Ufern hat ihre heutige Form erst erhalten, als das Eis der letzten Eiszeit sich schon zurückgezogen hatte und das Wasser nach Osten abfließen konnte. Im Laufe der Jahrtausende hat sich das Wasser in die Moränenplatte eingearbeitet und dadurch die Steilufer geformt.

Maasholm

Wer als Segler nach Maasholm kommt oder wer hier seinen Urlaub ver=bringt, der wird sich über das schmucke Bild freuen, das dieser Ort ihm bietet.

Hier liegt der „Seenotkreuzer „G. Kuchenbecker" im Maasholmer Hafen 1985

Die kleinen Häuser, die an den beiden von Nord nach Süd verlaufenden Straßen liegen (die dritte im Osten ist erst neuen Datums), laden zum Ver=weilen ein. Aber das Leben der Menschen, die in diesen Häusern wohnen, ist nicht immer leicht, sondern oft entbehrungsreich. Denn die Tätigkeit des Fischers ist schwer, und der Erlös, den er für seinen Fang bekommt, entspricht nicht immer dem, was der Fischer gerechter=weise dafür bekommen müßte. Doch die Maasholmer Fischer haben nie resigniert, sondern waren immer bemüht, sich in ihrer Fischergenossenschaft auf die sich wandelnden Forderungen der Zeit ein=zustellen. Das wurde, als die Genossen=schaft ihr 50-jähriges Bestehen feiern konnte, in folgendem Satz zum Ausdruck

gebracht: „Es gibt Unternehmen, die nicht merken, was passiert; es gibt solche, die merken, daß etwas passiert, und solche, die dafür sorgen, daß etwas passiert. Und zur letzten Kategorie rechnet man im Lande die Maasholmer Fischergenossenschaft."
So wurden nach dem Kriege nicht nur zahlreiche ostdeutsche Fischer integriert, sondern man erreichte auch, daß die Gemeinde den Hafen ausbaute. 1960 erfolgte der erste Schritt, und 1968 bis 1969 wurde der Hafen im Süden sturmsicher gemacht. Als sich dann aber sehr bald zeigte, daß die Nachfrage nach Liegeplätzen für Segeljachten ständig stieg, begann man 1973, einen eigenen Seglerhafen zu bauen, der heute wesentlich größer ist als der Fischereihafen. So beginnt Maasholm zum zweitenmal, sich umzustellen: War es bis in die zweite Hälfte des vorigen Jahrhunderts hinein noch ein Ort der Schiffer gewesen (1867: 60 von 86 Familien), so erschließt es sich nun immer mehr dem Fremdenverkehr. Ein Zeichen hierfür ist auch das am Weg

nach Oehe liegende Maasholm-Bad, das seit 1970 entsteht.

Maasholm, das zur Kirchengemeinde Kappeln gehört hat, bekam erst 1952, als die Gemeinde etwa 1000 Mitglieder umfaßte, eine eigene Kirche. Sie ist dem Heiligen Petrus geweiht, und ihr Altar ist deswegen mit einem Hochrelief, das „Petri Fischzug" darstellt, geschmückt. Über dem Altar sehen wir ein Kruzifix, das ein Maasholmer, der als Maler ins Sudetenland gewandert war, angefertigt hat, als er die Nachricht vom Tode seiner Mutter erhalten hatte. Zuerst hat es auf dem Grab der Mutter gestanden, und nach einigen Zwischenstationen hat es, als die Kirche fertig war, seinen Platz über dem Altar gefunden.

VEREIN JORDSAND
Zum Schutze der Seevögel und der Natur e.V.

Am Deich zur Ostsee

Im Mündungsgebiet der Schlei durchdringen sich Wasser und Land in vielen Buchten und Sandhaken, je nach Windrichtung und -stärke sind mal die Buchten und mal die Sandflächen größer. Das ist natürlich ein ideales Brutgebiet für viele Vögel, und bereits 1927 hat man deshalb das Gebiet zwischen dem Lotsenhaus und dem Deich im Norden zum Vogelschutzgebiet erklärt. Zur Brutzeit (1.4. – 15.8.) ist der Zugang gesperrt, und ein Vogelwart betreut von seinem Holzhäuschen aus das Gebiet. Der „Verein Jordsand", unter dessen Obhut dieses Gebiet steht, hat 1986 im ehemaligen Lotsenhaus ein Institut für Naturschutz- und Umweltforschung gegründet. Dieses Institut soll die Belastung der Umwelt durch Schadstoffe untersuchen, mit dem Ziel, Lösungsmöglichkeiten aufzuzeigen.

Gut Oehe

Oehe war ursprünglich ein adeliges Gut, sein Name bedeutet soviel wie Insel. Die Besitzer haben oft gewechselt, und einmal hat hier auch eine Prinzessin von Tahiti gelebt. Sie war die Frau von H. A. Schlubach, der 1893 Oehe gekauft hat. Als junger Mann war er mittellos nach Chile gefahren, hatte dort durch Geschick und Fleiß ein Vermögen erworben und war 1872 Kaiserlich Deutscher Generalkonsul geworden. Einer seiner Geschäftsfreunde war mit einer Prinzessin von Tahiti verheiratet, und eine der Töchter aus jener Ehe, die schon für die Thronfolge auf Tahiti vorgesehen war, hat Schlubach 1872 geheiratet. Wie es in verschiedenen Berichten heißt, hat sie es „mit außerordentlichem Geschick und einer unendlichen Grazie und Anmut verstanden, sich in die neue Umgebung einzufügen". – Unter Schlubach erhielt das Herrenhaus seine heutige Gestalt.

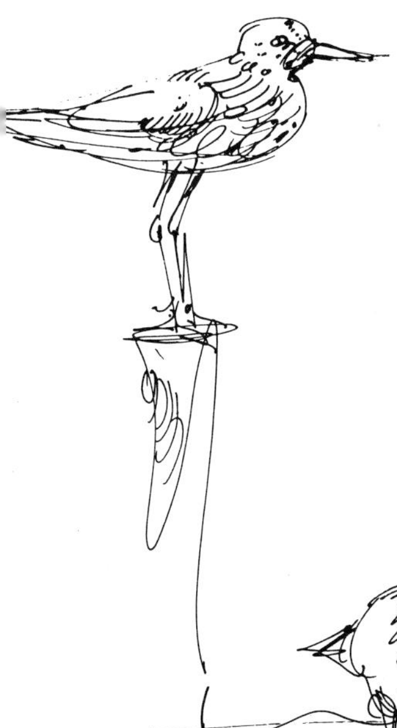

Schleimünde

Blicken wir über das Vogelschutzgebiet nach Süden oder fahren wir von Maasholm nach Osten, um die Ostsee zu erreichen, so grüßt uns der mehr als 14 Meter hohe Leuchtturm, der auf der äußersten Spitze der Nordmole steht und den Schiffen ihren Weg durch die enge Einfahrt weist. Diese Einfahrt ist noch nicht besonders alt. Erst in der Zeit von 1780 bis 1796 hat man hier den in Schwansen ansetzenden Nehrungshaken durchstochen und unter großen Schwierigkeiten die Fahrrinne geschaffen. 1842 und 1872 ist sie erweitert worden, nachdem die Molen verstärkt worden waren. In früheren Zeiten, als die Wikinger nach Haithabu fuhren, lag die Schleimündung weiter südlich; es befanden sich dort auch eine Siedlung (Mynnaesby, der Vorläufer von Maasholm) und eine Burg. Im späten Mittelalter aber und zu Beginn der Neuzeit fuhren die Schiffe ganz im Norden in die Schlei hinein. Beide Einfahrten sind allerdings versandet, weil Meeresströmungen von den Steilküsten im Süden und im Norden Sand hierher transportieren, ihn hier ablagern und dadurch die vielen in die Schlei hineinragenden Nehrungshaken und die zur Seeseite hin ausgeglichene Küste geformt haben.

Führung täglich
10 Uhr
außer Montag

Schleimünde Vogelschutzgebiet

Gottes
sind Wogen und Wind.
Kompaß und Steuer
daß Ihr den Hafen gewinnt,
sind Euer.

Segeln auf der Schlei
von Anita Rehder

Eine lange Welle schiebt unser Boot am schwarz-weiß geringelten Leuchtturm vorbei und hinein in den einzigen deutschen Fjord – die Schlei. Gleich hinter der Einfahrt an der Steuerbordseite liegt Schleimünde mit dem einsamen Lotsenhaus und der allen Seglern bestens bekannten „Giftbude".* Auf der Halbinsel wimmelt es von Eider- und Stockenten, Schwänen, Möwen und Karnickeln.

Mit achterlichem Wind treiben wir gemächlich schleiaufwärts. Vorbei an kleinen Sandbänken und ankernden Angelkähnen fahren wir durch das teilweise sehr schmale Fahrwasser in Richtung Maasholm. Aber der Hafen ist wie fast immer überfüllt, und so segeln wir weiter. Wälder, saftig grüne Weiden und sonnengelbe Rapsfelder säumen das Ufer. Die ausgelegten Fischernetze reichen fast bis ans Fahrwasser heran.

Nach zweieinhalb Seemeilen taucht bei Kappeln das erste Hindernis in Form einer Drehbrücke auf. Hier herrscht oft ein fürchterliches Gedränge, aber wir haben Glück, müssen nicht lange warten, sondern können gleich weitersegeln nach Arnis. Es ist eine hinreißende alte Schifferstadt mit kleinen, geduckten Häuschen, an deren Haustüren das Guckloch aus einem Bulleye besteht, die Klampe die Klinke ersetzt und die Beleuchtung von einem alten Ankerlicht gespendet wird.

Hinter Arnis macht die Schlei einen Schlenker nach rechts. Die Ufer

* Scharfe Sachen to sulpen!

treten zurück, die Schlei zeigt sich von einer ihrer schönsten Seiten. Nein, wild ist ihre Schönheit nicht, eher sanft und lieblich. Sie wirkt beruhigend, lädt zum Verweilen ein. Zeigt sie trotzdem ihre Krallen, so sollte das ernst genommen werden. Es „hackt" auf der Schlei dann min= destens so unangenehm wie auf der Ostsee, und das Kreuzen in den teil= weise recht schmalen Fahrrinnen ist dann nicht gerade ein Vergnügen.

Backbord voraus machen wir einen bewaldeten Hügel aus. Ein Fachwerk= haus schimmert durch die Bäume. Als wir etwas dichter dran sind, entpuppt sich der Hügel als ein Ort mit einer großen Kirche, versteckt hinter riesigen Lindenbäumen. Sieseby – ein Dörfchen wie in Großmutters Bilderbuch. Fachwerkhäuser in bunten Bauerngärten, auf den Bänken einige Einwohner, die Tagesereignisse be= sprechend, Pfeife rauchend, die Hände auf einen Stock ge= stützt. Wir machen an der Brücke fest, sitzen einfach da und ge= nießen die Ruhe. Austernfischer suchen am Ufer nach Nahrung, die Linden wispern im leisen Windhauch. Von hier wollen wir am liebsten nie wieder fortgehen.

Aber schon am nächsten Morgen zieht es uns weiter. Die Sonne scheint, der Himmel ist blau, und als wir über die „Kleine Breite" segeln, fällt uns die schöne gruselige Geschichte ein von der Er= mordung König Eriks durch seinen Bruder Abel. Man hat ihn zwar versenkt, aber es hielt ihn nicht am Schleigrund. Bei Missunde, an der schmalsten Stelle der Schlei, sollen nachts übernatürliche blaue Lichter auf dem Wasser tanzen – König Eriks Geist! (Ik heff gornix sehn, Anita ze) Weiter geht es vor= bei an kleinen Bootsliegeplätzen und Sommerhäusern. Dann wieder passieren wir einen Kiefernwald, über dem in erha= bener Ruhe Raubvögel ihre Kreise ziehen.

Nach einer kleinen Drehung um eine flache, bis an das Ufer heranreichende Landzunge, auf der Kühe und Schafe weiden, haben wir die „Große Breite" erreicht. Die Ufer verlieren sich im Dunst. In der Ferne sieht man den Turm des St.-Petri-Doms zu Schleswig. Die letzten rötlichen Sonnenstrahlen begleiten uns zu unserem Ankerplatz. Schwalben jagen über das Wasser. Am Ufer stehen Reiher, der Ruf der Kiebitze übertönt das Motorengeräusch vorbeifahrender Boote. Einige einsame Paddler kommen uns entgegen; Surfer nutzen den letzten Windhauch, um Wenden zu üben und fallen ständig ins Wasser. Und überall an den Ufern und in verträumten, kleinen, teilweise sehr flachen Buchten liegen Boote vor Anker.

Am Ende der „Großen Breite" entdecken wir am nächsten Morgen den entzückenden kleinen Ort Stexwig mit einem Anleger direkt vor dem Ort und einem schlauchartigen Hafen. Hier herrscht Sonntagmorgen-Stimmung. Ein Schwan schwimmt spazieren, während sein Weib im Schilf auf dem großen Nest sitzt und brütet. Ein paar Kinder baden, auf den Booten wird ein wenig gewerkelt, und wem danach ist, der hat seinen „Klönschnack" mit Frühschoppen im Restaurant oberhalb des Hafens. Wer länger hierbleiben will, sollte daran denken, daß Segler mit runden Füßen geboren werden

und nicht gern laufen: Drei Kilometer Fußweg sind es bis zum Ort Fahrdorf, um an die frischen Brötchen und sonstige Lebensmittel zu gelangen. Allerdings kommt dreimal wöchentlich ein Milchwagen nach Stexwig, bei dem man sich mit Molkereiprodukten und frischen Eiern versorgen kann.

Wir machen uns auf nach Schleswig, nicht ohne uns vorher die Geschichte von der Möwen-Insel in der Schleswiger Bucht erzählen zu lassen. Das heißt, es gibt gleich mehrere Geschichten über diese Insel. Eine Version lautet, daß es sich bei den Möwen, die hier Jahr für Jahr brüten, um die Geister Abels, ehemals

Herzog von Schleswig-Holstein, und all jener mehr oder weniger noblen Herren handelt, die König Erik ermordeten. Sie werden niemals Frieden finden in ihren Gräbern und sind dazu verurteilt, bis ans Ende aller Zeiten als Buße für ihr Verbrechen unter dem nächtlichen Himmel zu fliegen.

In Schleswig stellen wir fest, daß es zwar eine sehr schöne Stadt ist mit vielen Sehenswürdigkeiten, aber als Segler zieht es uns wieder auf die Schlei – der Ruhe, Beschaulichkeit und stillen Ankerplätze wegen.

„Wen's friert, ist arm oder dumm!" seggt he.

Rolf Soltau, der Skipper von S.Y. „Bettina", beim Motoren, damit ich in Ruhe zeichnen kann — so nett nich?

In den Büchern von Hilde Hudemann können Sie noch weitere norddeutsche Landschaften durchwandern: „Hamburg" und der „Alsterspaziergang", „Lüneburg" und „Lübeck und die Lübecker Bucht", „Wanderungen in Nordfriesland" und „Schöne Ferientage auf Amrum und den Halligen".

CIP-Kurztitelaufnahme der Deutschen Bibliothek
Hudemann, Hilde:
Wanderungen an der Schlei / Hilde Hudemann, Christel Hudemann-Schwartz; Karsten Vogel; Anita Rehder.
Hamburg: Christians, 1987
ISBN 3-7672-0998-5
NE: Hudemann-Schwartz, Christel:; Vogel, Karsten; Rehder, Anita.

Gesamtherstellung Hans Christians Druckerei, Hamburg
Lithos Gries GmbH, Ahrensburg
ISBN 3-7672-0998-5
Printed in Germany

un nu Adschüß